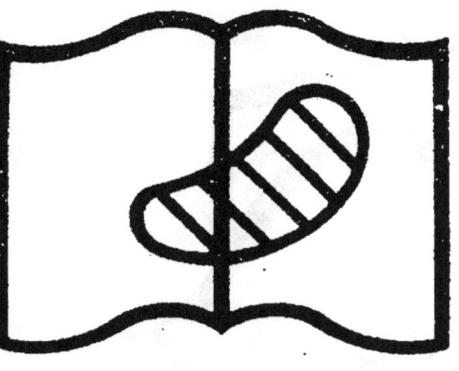

Illisibilité partielle

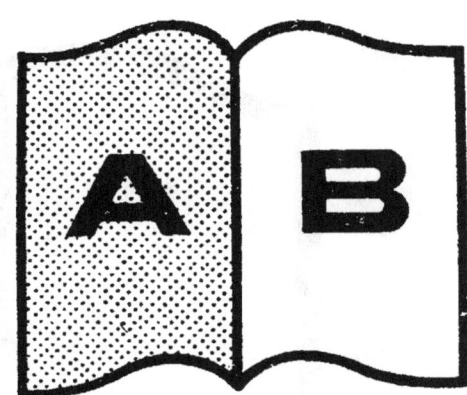

Contraste insuffisant
NF Z 43-120-14

Valable pour tout ou partie
du document reproduit

Couverture inférieure manquante

Début d'une série de documents
en couleur

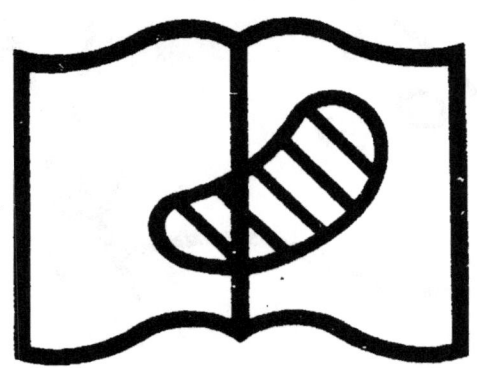

Original illisible
NF Z 43-120-10

Fin d'une série de documents
en couleur

# LETTRES

DE

## M. TAMIZEY DE LARROQUE

PRÉCÉDÉES D'UNE NOTICE

PAR

## M. LÉOPOLD DELISLE

Extrait des Études Historiques et Religieuses du Diocèse de Bayonne

PAU

IMPRIMERIE VIGNANCOUR — PLACE DU PALAIS

1898

# TAMIZEY DE LARROQUE

Par une rare fortune, dont nous sentons tout le prix, nous pouvons donner, presque en même temps que la *Revue de l'Agenais* qui en avait la primeur et dont M. Tholin a eu l'amabilité de nous envoyer les bonnes feuilles, une admirable Notice sur notre cher érudit, M. Ph. Tamizey de Larroque, lue au *Comité des travaux historiques*, par son illustre président, M. Léopold Delisle, membre de l'Institut, le grand savant qui est à la tête de notre Bibliothèque Nationale et dont la France est si justement fière.

On y verra avec toute la précision ordinaire aux travaux de l'éminent académicien, et la concision exigée par le lieu et les circonstances, le tableau complet d'une vie d'incessant labeur et de dévouement ardent, vouée à la science, à l'histoire de France, la grande patrie, à celle de l'Agenais, son pays bien aimé, et de tout le Sud-Ouest. Nos lecteurs seront heureux de bénéficier de la faveur exceptionnelle qui nous est faite et nous remercions à la fois M. Léopold Delisle, qui nous a permis de publier cette belle Notice, et M. Tholin qui a bien voulu nous en faire part.

A son envoi, M. Tholin a ajouté la Notice qu'il a consacrée lui-même à M. T. de Larroque dans la *Revue de l'Agenais*. Elle est parfaite de tous points. Il suit son héros dans toutes les manifestations de sa vie littéraire, racontant avec beaucoup de charme, avec une éloquence émue et communicative, l'existence si bien remplie de cet homme de bien, brisé par les épreuves, par la douleur, et toujours bon et souriant, « mourant de l'incendie de sa bibliothèque », d'une sensibilité extrême, heureux des « plus petits témoignages d'affection », enfin plein de reconnaissance pour tous ceux qui l'aidèrent à reconstituer cette pauvre bibliothèque. « La moindre ligne d'une lettre dictée par le cœur le réconfortait un moment ; il pensait : Puisqu'il me reste tant de bons amis, je ne suis pas complétement malheureux ». La fin de cette notice est vraiment touchante : « Il eut aussi des consolations. Son fils l'entourait d'affection, l'assistant dans ses recherches, dans ses lectures, écrivant à l'occasion pour lui ; il restait sans cesse auprès de lui, l'aidant à chasser les idées noires. D'ailleurs, avec la sérénité du chrétien, M. T. de Larroque regardait plus haut, plus loin. L'*Imitation de Jésus-Christ* était devenu son livre de chevet. Il a vu venir la mort sans crainte. Dans le labeur, il n'avait jamais souhaité le repos, mais, dans les épreuves, il a pu souhaiter la délivrance. Sa sépulture était marquée au centre de la vieille propriété de famille Larroque. Un bloc de pierre à peine équarri, debout, recevra la plus simple inscription. Des cyprès et des chèvres-feuilles plantés par lui — ces derniers sont en fleur en cette fin de mai — s'élèvent à l'entour, déjà plus haut que la pierre. C'est là que, le samedi 28 mai, l'ont accompagné, bravant une pluie diluvienne, ses parents, ses amis, tous ses compatriotes de Gontaud, en deuil, chacun rappelant le souvenir d'un bienfait, d'un service rendu !.... A nous de garder son souvenir et de nous inspirer de son exemple ! »

Ces pages complètent la Notice de M. Léopold Delisle que l'on va lire. Nous regrettons de ne pouvoir imprimer entièrement l'éloge d'ami que M. Tholin a su si bien faire de M. T. de Larroque.

## I. **Notice de M. Léopold Delisle**

*La mort de M. Tamizey de Larroque a été annoncée dans les termes suivants, le 6 juin, au Comité des travaux historiques, par M. Léopold Delisle, président de la section d'histoire et de philologie :*

Le Comité vient de perdre le plus actif de ses membres non résidant, celui qui lui a apporté le concours le plus assidu et le plus fructueux. Philippe Tamizey de Larroque s'est doucement et pieusement éteint le 26 du mois dernier à l'âge de 69 ans. Peu de vies ont été aussi bien ordonnées pour le travail et aussi honorablement remplies que celles du collègue dont nous déplorons la perte. Son caractère lui avait concilié l'estime générale du monde des lettres et valu de nombreuses et cordiales amitiés, non-seulement dans la région à laquelle il appartenait et à laquelle il était si affectueusement et si intelligemment attaché, mais encore à Paris et dans presque toutes les provinces de la France. Homme de bien dans toute la force du terme, il poussait la bienveillance jusqu'aux dernières limites et n'éprouvait jamais de plus vive satisfaction qu'en obligeant même les inconnus.

Il avait pris pour modèle la vie de l'illustre Peiresc, auquel il avait voué un véritable culte et auquel il a pu être comparé pour la curiosité, pour le désintéressement, pour l'obligeance, pour l'amour de la science et aussi pour l'influence qu'il a exercée sur les sociétés savantes et sur les travailleurs isolés du midi de la France. Il avait placé sous l'invocation de Peiresc le modeste pavillon où se sont écoulées les dernières années de sa vie.

Correspondant aussi infatigable que son modèle, il n'a pas craint, comme lui, de faire profiter le public de ses patientes et consciencieuses élucubrations. Sans parler des comptes rendus et des notes de tout genre, qu'il a semés à profusion dans les journaux et les revues de Paris et de la province, c'est par centaines qu'il faut compter les volumes et les mémoires plus ou moins développés dont il a enrichi beaucoup de recueils périodiques et dont presque tous les plus importants ont été tirés à part.

La grande œuvre de Tamizey de Larroque, celle qui suffirait à justifier sa réputation, est l'édition des *Lettres de Peiresc*, comprise dans la *Collection de Documents inédits sur l'Histoire de France*, qui fait un égal honneur à l'auteur des lettres et à celui qui les a si patiemment rassemblées et si doctement commentées. Le Comité n'a eu qu'à se féliciter d'avoir confié à un tel éditeur le soin de mettre en lumière un pareil trésor de renseignements sur l'histoire générale ou anecdotique et principalement sur l'histoire littéraire de la première moitié du xvii⁰ siècle. C'est à cette vaste entreprise que Tamizey de Larroque a consacré la meilleure part de sa vie ; il y travaillait encore la veille de sa mort, au milieu des souffrances qui depuis plus de deux ans causaient tant de soucis à ses amis. Il y a quinze jours à peine, il a pu renvoyer bonnes à tirer les dernières pages du tome vii de la *Correspondance de Peiresc*, et, en les renvoyant, sachant combien sa santé était précaire, il demandait avec instance la mise sous presse de la continuation du recueil dont il avait par devers lui tous les matériaux.

Ce n'est pas là le seul service que Tamizey de Larroque ait rendu au Comité. Nous lui devons d'excellentes éditions des lettres, jusqu'alors inédites, de Jean-Louis Guez de Balzac et de la correspondance de Chapelain.

Je ne saurais mentionner ici d'innombrables publications faites en dehors du Comité. La liste de celles qui sont antérieures à l'année 1891 a été dressée par M. Andrieu dans la *Bibliographie générale de l'Agenais* (1). On ne peut la parcourir sans admirer la variété des sujets sur lesquels s'est portée l'attention de notre très regretté collègue. Quelle que soit la diversité de ces travaux, ils se font tous remarquer par un trait commun : l'auteur s'est constamment préoccupé d'offrir aux lecteurs des renseignements nouveaux, puisés aux meilleures sources et contrôlés avec une grande sûreté de critique. Il avait une lecture immense et une excellente mémoire ; il connaissait à fond les hommes et les choses du xvi⁰ et du xvii⁰ siècle ; mais il s'intéressait de préférence à l'histoire des provinces du sud-ouest de la France, surtout à celle de l'Agenais. Les correspondances politiques ou littéraires et les documents inti-

---

(1) Tome II et III — Une « Bibliographie Tamizeyenne, » s'arrêtant à l'année 1881, avait été donnée par M. Tamizey de Larroque lui-même, à la suite de l'opuscule intitulé *Le Père Corlade* (Sauveterre de Guyenne, 1881 ; petit in-4⁰).

mes, comme les livres de raison, avaient pour lui un charme particulier. Parmi les morceaux les plus considérables auxquels il a mis son nom, il convient de rappeler, suivant l'ordre chronologique, ceux dont les titres suivent :

Preuves que Thomas à Kempis n'a pas composé l'*Imitation* (1862);
Mémoire sur le sac de Béziers dans la guerre des Albigeois (1862);
Lettres inédites de François de Noailles, évêque de Dax (1865);
Vies des poètes Gascons, par Guillaume Colletet (1866);
Essai sur la vie et les ouvrages de Florimond de Raymond (1867);
Collection méridionale (six petits volumes in-8º, 1869-1875);
Vie de Guy du Faur de Pibrac, par Guillaume Colletet (1871);
Le président de Ranconet (1871) ;
Notice sur la ville de Marmande (1872);
Lettres inédites du cardinal d'Ossat (1872) ;
Lettres inédites de Guillaume du Vair (1873);
Documents inédits pour servir à l'histoire de l'Agenais (1875);
Documents inédits sur Gassendi (1877);
Notes sur la vie et les ouvrages de l'abbé Jn. Jacques Boileau (1877);
Antoine de Noailles à Bordeaux (1878);
Plaquettes Gontaudaises (six petits volumes in-16, 1878-1880);
De la correspondance inédite de dom B. de Montfaucon (1879);
Lettres françaises inédites de Joseph Scaliger (1881);
Lettres inédites de Pierre de Marca (1881);
Lettres inédites d'Adrien d'Aspremont, vicomte d'Orthe, gouverneur de Bayonne (1882);
Les vieux papiers du château de Cauzac (1882);
Voyage à Jérusalem de Philippe de Voisins, seigneur de Montaut (1883);
Documents inédits pour servir à l'histoire de la ville de Dax (1883);
Arnaud de Pontac, évêque de Bazas (1883);
Lettres inédites de Philippe Fortin de La Hoguette (1888);
Livre de raison de la famille de Fontainemarie (1889);
Lettres inédites de quelques membres de la famille de Monluc (1890);
Lettres inédites de Voltaire à Louis Racine (1893);
Deux livres de raison de l'Agenais (1893);
Lettres inédites de quelques hommes célèbres de l'Agenais (1893);
L'Amiral Jaubert de Barrault et les pirates de La Rochelle (1894);
Notice inédite sur J. B. Gault, évêque de Marseille (1895);

Bénédictins méridionaux (1896) ;
Lettres et billets inédits de Monseigneur de Belzunce (1897) ;
Le Maréchal de Biron et la prise de Gontaud en 1580 (1897) ;
Lettres inédites de Marguerite de Valois (1897).

Mais ce qui mérite surtout d'être spécialement signalé ici, ce sont des mémoires se rattachant à la vie et aux travaux de son cher Peiresc, tels que *Petits mémoires inédits de Peiresc* (1889) ; *Testament inédit de Peiresc* (1889) ; *Peiresc, abbé de Guitres* (1893) ; *Notes inédites de Peiresc sur quelques points d'histoire naturelle* (1896). Telle est surtout la série intitulée *Les Correspondants de Peiresc*. Les vingt-et-un fascicules parus de 1879 à 1897, dont cette série se compose, et qui devaient être suivis de plusieurs autres, n'ont qu'un défaut : ils forment un ensemble dont les différentes parties sont à peu près impossibles à réunir.

Espérons qu'un libraire aura la pensée de les réimprimer : on n'imagine rien de plus curieux, rien de plus instructif, que les entretiens de Peiresc avec des amis, les uns à peu près inconnus, les autres célèbres à plus d'un titre, tels que Claude de Saumaise, Gabriel Naudé, Samuel Petit et le Père Mersenne.

Tamizey de Larroque a fréquenté assidument la Bibliothèque nationale pendant les années de sa jeunesse. A la même époque, il a également travaillé à la Bibliothèque du Louvre ; il y a copié des textes importants (notamment une partie du recueil de Colletet sur les poètes français), qui, grâce à lui, nous ont été conservés. Plus tard il a compulsé les manuscrits de plusieurs dépôts provinciaux, notamment à Aix et à Carpentras. C'est ainsi qu'il avait amassé les matériaux dont il a fait un si heureux emploi.

Les dernières années de sa vie furent assombries par des tristesses qu'il supporta avec une admirable sérénité et un calme héroïque, à tel point qu'il n'y en a pas trace dans la correspondance qu'il entretenait avec ses meilleurs amis. Il faut imiter sa discrétion. Mais comment ne pas dire ici un mot du malheur dont il ne fut pas seul à souffrir, l'incendie de sa bibliothèque, le 9 juillet 1895 ? Je laisse en parler un de nos meilleurs travailleurs provinciaux, digne appréciateur des mérites d'un savant dont il partageait les goûts. Voici comment s'exprime M. Clément-Simon dans un journal du Limousin :

« Au soir de sa vie, un vrai désastre s'abattit sur lui. Sa bibliothèque très importante, ses outils choisis depuis quarante ans, ses copies, ses notes qui se comptaient par milliers, ses œuvres en préparation, tout fut détruit en quelques heures par un incendie. Le malheur était irréparable. La moisson rassemblée pour l'avenir était à jamais perdue et il n'était plus dans l'âge où l'on peut reprendre la faucille et s'en aller lier les gerbes. Un instant, il fut accablé de découragement, de désespoir, il jetait le manche, ne pouvait plus, ne voulait plus travailler !... Consolé, réconforté par ses proches, ses amis, il se ressaisit, rassembla quelques épaves, se remit à l'œuvre, et le monde de ses lecteurs s'aperçut à peine de la perte dont il avait souffert. »

Mais ce qui peint le mieux le courage et l'élévation des sentiments de Tamizey de Larroque, c'est une lettre qu'il écrivait trois jours après cette catastrophe et que je demande à reproduire à la suite de ces paroles, parce qu'elle nous donne une idée du caractère de notre collègue et qu'elle nous renseigne exactement sur des points de travail et sur de libérales intentions qu'il ne faut pas laisser tomber dans l'oubli.

Tamizey de Larroque, pendant les derniers temps de sa vie, a a trouvé dans le dévouement de son fils un appui et une consolation. A son lit de mort, il l'a chargé de nous recommander l'achèvement de l'œuvre à laquelle il avait consacré tant de veilles et qui a rendu son nom inséparable de celui de Peiresc. Le Comité, je n'en doute pas, prendra les mesures nécessaires pour accomplir un vœu aussi légitime et aussi honorable. Vous me permettrez d'en transmettre l'assurance à M. Henry Tamizey de Larroque, avec l'expression des profonds regrets que nous inspire la perte d'un collègue aussi digne de notre respect et de notre affection.

*Lettre de M. Tamizey de Larroque sur l'incendie de sa bibliothèque.*

Pavillon Peiresc, 13 juillet 1895.

Mon cher maître et ami,

Je viens d'éprouver un grand malheur, et vous serez certainement au nombre de ceux qui me plaindront le plus. Le 9 de ce mois, à 4 heures du matin, un horrible incendie a dévoré ma vieille maison de Gontaud, ma maison natale. Le feu n'a rien épargné : livres, manuscrits, papiers de famille, notes innombrables, tout a disparu. Ce que j'avais amassé avec tant de soin et d'amour pendant plus d'un demi-siècle a été consumé en quelques minutes. Je n'avais transporté dans mon petit ermitage que les livres usuels, indispensables, 300 volumes environ sur plus de 6,000. Je ne me consolerai jamais de cet immense désastre. Non-seulement j'y perds beaucoup pour mes propres travaux, mais aussi pour les travaux des autres : car j'ai eu toujours grande joie à aider mes confrères, et j'avais tant de choses dans mes collections que j'ai pu en tirer bien des communications utiles.

J'avais aussi l'intention de faire profiter notre chère Bibliothèque nationale de plusieurs de mes livres et de mes manuscrits. J'attendais la publication du premier volume du Catalogue des imprimés pour vous donner tout ce que la Bibliothèque n'aurait pas possédé, et j'avais noté déjà le don des Mémoires de mon compatriote le maréchal d'Estrades, ayant constaté, dans mon introduction à la *Relation du siège de Dunkerque*, que vous n'aviez pas l'édition en dix volumes dont je m'étais procuré un exemplaire.

Je vous destinais une copie des *Mémoires du lieutenant-général Saint-Hilaire*, faite sur le recueil de la Bibliothèque du Louvre, brûlée en 1871, lequel était beaucoup plus complet que l'imprimé en quatre volumes in-12.

Je voulais encore vous offrir un exemplaire des *Bibliothèques de La Croix du Maine et Du Verdier*, enrichi des notes marginales de l'oratorien Adry, que vous auriez pu mettre dans la Réserve du département des imprimés à côté de l'exemplaire orné des additions de cet autre grand bibliographe qui s'appelait Mercier de Saint-Léger.

Enfin, je comptais donner à la Bibliothèque nationale un recueil manuscrit qui lui revenait de droit, car il avait été préparé par trois savants de la maison, MM. Benjamin Guérard, Ravenel et Taschereau. Je veux parler de *Lettres de Guy Patin*, transcrites d'après les autographes de la Bibliothèque par M. Guérard, et annotées par M. Taschereau et surtout par M. Ravenel. C'est ce dernier, avec lequel j'ai été très lié, qui m'avait remis ces précieuses liasses, en vue de l'édition que je préparais avec mon ami, A. de Montaiglon, et pour laquelle j'avais déjà réuni beaucoup de notes qui complétaient celles de mes devanciers.

Pardon pour tout ce bavardage. De l'abondance du cœur la plume parle.

J'ai été si accablé par le brusque et terrible coup du 9 juillet que j'ai cru à une congestion cérébrale. J'ai été sauvé à ce moment par un flot de larmes, de véritables larmes d'enfant.

Je vous serre la main avec autant de reconnaissante affection que d'inconsolable désolation. PH. TAMIZEY DE LARROQUE.

L. DELISLE.

## II. Lettres de M. Ph. Tamizey de Larroque

Je publie toutes les lettres que j'ai pu retrouver de M. Tamizey de Larroque, le cher et illustre disparu, que pleure toute la Gascogne attristée. On y verra, à chaque page, « le modèle des travailleurs et des amis », comme l'a appelé M. L. Couture dans le dernier n° de la *Revue de Gascogne*, épancher son cœur et se livrer à ses causeries familières et si pleines de charme dont il avait le secret. On ne croirait jamais qu'un savant, qui a publié surtout des Documents, annotés avec une richesse incomparable, pût être si aimable et varier avec tant de grâce le compliment et l'éloge. En ceci, il excédait un peu ;

son intelligence et son cœur étaient complices, dans cette bienveillance d'une critique qui savait si bien entourer de fleurs les rares coups qu'elle portait.

Je publie ces lettres à peu près dans leur forme intégrale. Je n'en ai supprimé que quelques compliments par trop flatteurs. Tout en faisant la part de l'excès dans les éloges que le cher ami a cru devoir m'adresser, nos lecteurs connaîtront mieux l'incomparable savant que nous venons de perdre.

Pour le juger, même au point de vue des louanges qu'il distribuait si cordialement à tous les travailleurs et à ses amis, il n'y a qu'à citer le passage de sa lettre du 13 mai 1897, où il dit : « Merci du fond du cœur des trop flatteurs éloges que vous avez daigné donner à votre devancier. Ce qui me charme particulièrement dans ces éloges, c'est la sympathie qui éclate dans leur exagération. *On n'est aussi ultra-bienveillant que pour ceux que l'on aime beaucoup.* »

Comme on l'a vu plus haut, M. Léopold Delisle l'a jugé en ces termes : « Homme de bien dans toute la force du terme, *il poussait la bienveillance jusqu'aux dernières limites* et n'éprouvait jamais de plus vive satisfaction qu'en obligeant même les inconnus »; et M. Tholin, qui a pénétré si avant dans l'intimité de son âme, disait avec plus de détails encore : « Si on pouvait lui faire un reproche, et je suis de ceux qui le lui ont parfois adressé, c'était d'être trop indulgent dans ses critiques. Il craignait tant de désobliger, il savait si bien que l'amour-propre est chatouilleux ! Il a fait quelques milliers de comptes-rendus d'ouvrages : « Or, il m'est arrivé, au moins trois fois, me dit-il, d'avoir causé de la peine; entre autres, après les éloges mérités, j'avais relevé quelques fautes évidentes dans l'ouvrage de l'un de nos érudits — qu'il me nomma; — il ne me l'a jamais pardonné. Depuis lors, je suis timide et j'use, à l'occasion, d'un subterfuge : pour un livre trop mauvais, je ne fais pas de compte-rendu. » Il s'abstenait également de parler de ceux pour lesquels il n'avait pas d'estime : les égoïstes absorbés dans l'adoration souvent peu justifiée de leur seuls ouvrages; les envieux; ceux qui croient fonder leur autorité sur des affirmations pédantes ou des critiques d'une malveillance voulue. Tous ceux-là n'étaient point de ses amis. Le fond sérieux de la plupart de ses ouvrages excluait l'expansion de sa verve gasconne. Mais cette verve éclatait dans ses causeries étincelantes, avec des fusées de franc rire; elle trouvait à se loger presque dans la marge d'une carte postale, c'est dire, à plus forte raison, dans toutes ses lettres, car, en ce genre familier, il est permis d'égayer d'un bon mot les choses graves »

Son grand cœur aimait aussi beaucoup; sa haute intelligence voyait ses amis — et tous les travailleurs étaient ses amis — à travers un prisme trompeur où toutes les qualités étaient grossies et les défauts peu accusés. Je m'illusionnais comme d'autres sur cette bienveillance d'une critique toujours aimable et gracieuse. Mais, la seule fois que j'ai eu l'honneur de voir M. T. de Larroque et de passer quelques heures sous le toit hospitalier du Pavillon Peiresc, j'ai compris que c'était l'état normal et habituel d'un noble cœur et d'un esprit très large qui jugeait les autres avec une bonté naturellement exquise. C'était pour lui un besoin, une nécessité de sa belle âme d'être bon et indulgent. Son futur biographe devra tout spécialement insister sur ce côté si séduisant d'une nature d'élite, que des étrangers et des indifférents ne pourraient pas apprécier, comme elle le mérite. A le bien juger, il n'était pas *flatteur*, dans la signification étroite et mesquine de ce vilain mot ; il était bon, bienveillant, et d'une charité qui allait presque jusqu'à la faiblesse, quand il s'agissait de ses amis.

Je suis revenu de cette visite au Pavillon Peiresc, sous le charme, bien plus, ébloui de tant de simplicité unie à tant de distinction et d'intelligence. Tout comme le baron de Ruble, ce gentilhomme de bonne race avait préféré être utile à son pays en écrivant son histoire, plutôt que de vivre dans une opulente oisiveté. Il sera impossible d'étudier notre sud-ouest, sans recourir à tout instant, à ses innombrables travaux qui jettent tant de lumière sur notre histoire méridionale.

C'était aussi un grand chrétien, je dis plus, un catholique humblement soumis à l'Eglise et à tous ses enseignements. Il n'avait de saintes colères que contre ceux qui falsifiaient son histoire et calomniaient ses institutions. Je préciserai dans une note qui éclairera et expliquera le passage un peu ému d'une de ses lettres.

C'était un doux, qui a beaucoup souffert ici bas. Sa constitution vigoureuse lui promettait une verte et longue vieillesse. Il a été abattu tout d'un coup, comme le grand arbre de nos forêts, au moment où nous nous y attendions le moins.

Plus de 100 journaux, près de 40 revues, ont consacré des articles élogieux à cette chère mémoire. Nos *Etudes* qu'il aimait, dont il voulait être le collaborateur assidu, ne pouvaient manquer de lui adresser le tribut de notre souvenir et l'expression de nos inconsolables regrets.

V. D.

## Lettres de M. Tamizey de Larroque

Gontaud, 12 octobre 1889. — Monsieur l'aumônier et très honoré confrère, Si j'ai autant tardé à répondre à votre aimable lettre et à vous remercier de vos précieux envois, c'est que j'attendais, pour vous la communiquer, la réponse de mon ami M. Emile Picot (1). Cette réponse du grand bibliographe, qui est aussi un grand voyageur, m'a été remise hier seulement. Vous verrez que l'éminent et modeste savant n'a malheureusement pu vous renseigner, comme il l'eût désiré. Mais malgré son *nescio*, sur le point essentiel

(1) Il s'agissait, je crois, d'éclaircir un petit problème sur l'impression du *Traité des Merveilles de N. D. de Beth-Aram* par Lavoir en 1648.

de votre questionnaire, vous lirez avec plaisir et profit la bonne lettre que vous serez bien aimable de me renvoyer, pour que je lui réponde, me chargeant de le remercier en votre nom. Que de problèmes dans la bibliographie! Et combien il est à souhaiter que, dans chaque province, des travailleurs cherchent la solution de chacun de ces problèmes! Courage, Monsieur l'abbé et bien cher confrère, c'est à vous surtout qu'il appartient de nous faire d'intéressantes révélations sur les choses littéraires et historiques du pays de Béarn. Vos trois récentes publications montrent tout ce que nous pouvons vous demander. J'ai été heureux de tout ce que vous avez mis dans ces trois brochures, sur lesquelles j'appellerai l'attention des lecteurs de la *Chronique du Polybiblion*.

Je vous remercie de la petite note sur le calendrier dont s'est tant occupé mon grand ami Peiresc (1). Je vous remercie encore de l'intérêt que vous daignez prendre à mon *immense travail*. Demandez pour moi au bon Dieu, s. v. p., de m'accorder le temps et la force de publier mes onze in-4°. Après cela, je mourrai content (2).

J'ai transmis à mon cher voisin, le curé d'Agmé (3), vos bonnes promesses de concours; il en a été bien touché, ainsi que moi-même, et nous vous envoyons ensemble nos plus humbles excuses et nos meilleures actions de grâces. La monographie de Ste-Bazeille ne sera pas indigne de vous être offerte.

Je vous prie, Monsieur l'Aumônier et très aimable confrère, d'agréer les plus affectueux respects de votre dévoué serviteur,
*Tamizey de Larroque.*

Gontaud, 27 février 1891. Mille remerciements pour votre aima-

(1) Claude Nicolas Fabri de Peiresc, conseiller au Parlement d'Aix et le plus célèbre amateur du XVII° s. (1580-1637). Grand érudit et collectionneur hors ligne, il fut lié avec tous les savants de son temps. M. T. de Larroque a entrepris la publication de toutes les lettres adressées par lui ou à lui sous le titre de *Correspondance de Peiresc*. A Aix, où on a découvert son tombeau et dressé une statue à l'immortel magistrat, M. T. de Larroque fut comblé d'égards. Sur 10 vol. in-4° à publier par l'Etat, notre cher ami n'a pu en voir que 7 d'imprimés. M. Momméja, choisi par M. T. de Larroque lui-même, est chargé de terminer cette publication.
(2) Il revient souvent sur cette prière et ce souhait.
(3) M. l'abbé Alix, bien connu par ses travaux sur le Lot-et-Garonne. Sa belle monographie de Ste-Bazeille contient de curieuses lettres de notre compatriote le maréchal Bosquet. On m'avait demandé quelques recherches sur ce pays.

ble attention. Je connaissais déjà le *testimonium* du docte Spon (1), mais votre confraternelle communication ne m'en a pas moins été très agréable. Pendant que j'ai passé de longs mois à Carpentras, je m'occupais à la bibliothèque des manuscrits peiresciens, que l'on ne voulait pas laisser sortir du sanctuaire, mais on me laissait emporter chez moi les imprimés et le bon Dieu sait si j'en ai dévoré ! Je recherchais surtout les bouquins où je croyais pouvoir trouver quelque chose sur Peiresc et sur son groupe et j'ai rempli, à cette époque, tout un gros registre in-folio d'extraits de Spon, de Nicaise, de Millin, de *Mascurat*, des histoires de Provence, etc., etc.

J'appelle ce gros registre mon arsenal de citations. Je suis toujours avec une vive sympathie vos excellents travaux. Fournissez-moi donc l'occasion de vous louer une fois de plus ; envoyez-moi quelque volume qui montre en vous un des solides érudits de Béarn. Je vous prie d'agréer, etc.

Pavillon Peiresc, par Gontaud, 4 janvier 1892. Merci de vos étrennes qui m'ont fait le plus grand plaisir et dont j'ai déjà commencé à me régaler, me proposant de revenir à votre intéressant recueil, aussitôt que les obligations des premiers jours de l'an m'auront laissé un peu de liberté.

J'ai aussi à vous remercier de votre aimable lettre. Vous me donnez des détails très curieux, sinon sur mon mystérieux P. Léau (2), du moins autour de la question. Grâce à vous, je connais le milieu ambiant. A plus tard, le reste ! J'applaudis à la création de votre Revue historique diocésaine, et si je trouve quelque chose pour vous, j'aurai soin de vous le communiquer. Mais je suis jusqu'au cou dans la préparation absorbante de la Correspondance de Peiresc et je suis, pour longtemps, beaucoup plus provençal que gascon. On a bien fait de vous charger de la Notice sur Marca. Aurez-vous un tirage à part de cette Notice ? J'ai la vieille édition de l'*Histoire de Béarn*, don de mon ami toujours regretté, M. d'Avezac ; et puisque surtout la nouvelle édition n'aura pas de notes, je ne la prendrai pas (3). Mais je voudrais bien avoir votre Notice

(1) Spon, le génevois, qui s'est occupé de Peiresc et que j'avais signalé à mon illustre correspondant ; mais, c'était peine inutile, car il avait tout lu et il savait tout.

(2) Jésuite, précepteur du fils aîné de Marca. J'en ai parlé dans la *Revue de Gascogne*, et dans mon Etude sur le *Collège de Pau*, paru en 1896, dans la *Revue des Universités du Midi*.

(3) Ceci précise un point sur lequel je ne voudrais pas qu'il y eût de confusion. On a imprimé déjà « édition Dubarat » comme référence à celle qui se publie actuellement. Que l'on dise plutôt « nouvelle édition. » Si j'avais eu à m'occuper *in principio* de ce travail, j'aurais essayé de l'annoter convenablement : ce qui lui manque malheureusement.

et, si vous ne la faites pas tirer à part, donnez-m'en du moins les bonnes feuilles, s. v. p. Je l'annexerai à mon exemplaire des lettres de Marca à Séguier. Je vous prie d'agréer.

*P. S.* Que deviendront les précieuses collections de feu B. de Lagrèze, qu'il me fit tant admirer, quand je passais 3 ou 4 jours chez lui, il y a quelques années? Comme tous ces trésors seraient bien placés dans la bibliothèque de Pau ! Au moment où mon vieil ami est mort, j'étais moi-même mourant. Je suis encore très faible. Demandez au bon Dieu le temps d'achever mon *Peiresc*.

Pavillon Peiresc, 19 avril 1892. J'avais transmis votre lettre à M. Léopold Delisle. J'ai l'honneur de vous transmettre la réponse de l'illustre savant. Vous ferez bien de suivre son conseil et de nous donner un excellent travail de plus (1). Vous serez bien aimable de me renvoyer la lettre de mon éminent confrère, quand vous en aurez pris note. Je vous remercie de vos divers renseignements qui m'ont fait grand plaisir. Vous êtes de ceux qu'on ne consulte jamais en vain. A quand votre Notice sur Marca qui aura pour moi un double intérêt ? Je la signalerai à l'attention de mes lecteurs. Répondez-moi le plus souvent possible dans la *Revue de Gascogne*. Daignez agréer, etc.

Pavillon Peiresc, 5 octobre 1891. Hélas ! que me demandez-vous? Une plaquette rarissime (2), qui depuis longtemps a disparu de ma collection, ainsi que beaucoup d'autres oiseaux précieux que ne reverra jamais mon colombier. Si je ne craignais d'exprimer un jugement téméraire, j'accuserais de cette disparition certain érudit qui venait jadis travailler dans mon cabinet sur des sujets bordelais. J'ai eu trop de confiance en un homme qui se prétendait persécuté et qui abusait de mon hospitalité (3). Si vous saviez tout ce qui me manque, surtout en publications régionales ! Le bibliographe de l'Agenais, M. Jules Andrieu, a loué plusieurs fois, dans son recueil, ma bibliothèque, ma *belle* bibliothèque, où il a trouvé tant de livres et de plaquettes qu'il ne connaissait pas. S'il avait à recommencer ses recherches, que de procès-verbaux de carence nous aurions à dresser ! Je n'ai pas besoin de vous dire qu'aujourd'hui

---

(1) Il s'agissait d'un travail sur un Registre de la Chambre des Comptes de Navarre en 1294 dont j'ai l'original.

(2) A propos du discours de rentrée de T. Bazot sur le *Parlement de Bordeaux* et l'avocat-général *Th. de La Vie* que j'avais demandé à M. T. de Larroque pour mon ami M. Batcave.

(3) Cette supposition a toutes les apparences de la vérité.

plus que jamais je regrette mes pauvres colombes envolées ou, pour mieux dire, enlevées. Il est doux de rendre service à un *bon* travailleur ! Quel dommage, que vous n'ayez pu aller à Paris pour votre Marca ! Il y a encore tant d'inédit à prendre à la Bibliothèque Nationale ! Ce sont des trésors à remuer à la pelle. Je dis un mot de votre trésor et de vous dans une *note* adressée à la *Revue de Gascogne* et qui paraîtra peut-être bientôt. Vous serez bien aimable de me rappeler le *titre complet* de l'ouvrage où M. Planté a cité un livre de raison du pays (1). Mille excuses d'avance. Agréez, etc.

Pavillon Peiresc, 2 décembre 92. M. Emile Picot m'écrit que, de retour d'un voyage (bibliographique) à Londres, il a trouvé sa femme malade à la campagne (dép$^t$ de l'Oise); qu'il est obligé de rester auprès d'elle, c'est-à-dire loin de ses livres et de ses notes, et qu'il ne sait pas trop quand il pourra rentrer à Paris. Il ajoute que dès qu'il sera réinstallé dans sa bibliothèque, il s'occupera de votre requête avec autant de zèle que de plaisir (2). Accordez-lui donc, s. v. p., un petit délai ; je puis vous donner l'assurance que vous recevrez toute satisfaction.

A mon tour de vous demander un petit service. Un généalogiste, dont vous connaissez la grande réputation, M. Ambroise Tardieu, voudrait avoir une description minutieusement exacte des armoiries de la famille de Lestapis. Comme cette famille habite Pau, il vous sera facile, soit directement, soit indirectement, de vous procurer, soit l'empreinte même de ces armoiries, soit une description si fidèle qu'elle vaudra presque le dessin. Vous serez bien aimable de m'en envoyer la reproduction ou description sous une enveloppe de 5 centimes (Papiers d'affaires), car le temps des bons travailleurs doit être le plus possible ménagé (3). Avec mes excuses et mes actions de grâces, je vous prie d'agréer, etc.

Pavillon Peiresc, 1ᵉʳ août 1894. Mes plus cordiales félicitations avec le vœu que, dans peu d'années, le ruban rouge succède au ruban violet (4), et aussi avec le vœu que vous nous donniez en

---

(1) Dans le beau volume sur les Gayrosse publié par M. A. Planté.
(2) Je demandais un renseignement sur une édition de Corneille que M. E. Picot, le bibliographe du grand écrivain, connaissait bien et que j'ai donnée depuis au Petit Séminaire de Rouen.
(3) Dans une lettre que je n'ai pu retrouver, M. T. de Larroque me disait qu'on s'était procuré le blason demandé.
(4) Cordiales et délicates félicitations pour les palmes académiques.

abondance des travaux toujours meilleurs. Prière de transmettre à vos chers hôtes (1) mes plus affectueux souvenirs.

Pavillon Peiresc, 21 juin 1895. J'ai l'honneur de vous remercier de votre fort aimable et fort intéressante communication. J'espère que M. l'abbé d'Augery en tirera parti dans la prochaine édition de son livre (2). Vous et moi, nous lui aurons fourni des additions à l'aide desquelles il améliorera un livre destiné à faire beaucoup de bien. Du reste, comme vous l'indiquez, il sera bon, pour le piquant, trop piquant épisode que vous indiquez, d'avoir recours aux pièces originales. Je connais depuis longtemps le recueil Barbier-Legué et j'estime qu'il ne faut accepter telles et telles assertions que sous bénéfice d'inventaire (3). Ces messieurs sont quelque peu de l'école de ce ministre que vous avez traité selon ses mérites dans un ouvrage où vous n'avez pas mis moins d'esprit que d'érudition (4). Je l'ai lu avec autant de plaisir que de profit et je suis heureux de trouver l'occasion de vous adresser toutes mes félicitations. Vous êtes un grand travailleur du Béarn, comme notre cher ami M. l'abbé Allain est le grand travailleur du Bordelais, comme M. Ulysse Chevalier est le grand travailleur du Dauphiné (5). Je salue avec respect et reconnaissance tous ces savants ecclésiastiques, en général, et vous, cher Monsieur l'abbé, en particulier. Votre dévoué, etc.

Pavillon Peiresc, 16 juillet 1895. Je suis si souffrant, à la suite du grand malheur qui m'est arrivé mardi dernier (incendie complet de ma maison de Gontaud et de l'inappréciable collection de livres et de manuscrits qu'elle contenait) que je puis à peine tracer ces quatre lignes. Dans mon accablement, je ne retrouve aucun souvenir des renseignements sur Mgr Gault que vous aviez eu la

(1) M. le chanoine Allain et sa famille.
(2) *La Vie de Mgr Gault*, par M. l'abbé Payan d'Augery, vicaire-général de Marseille. Ç'a été pour moi le commencement d'une fréquente correspondance avec le savant ecclésiastique qu'une mort foudroyante nous a trop tôt enlevé.
(3) Dans l'*Urbain Grandier* et *Les Ursulines de Loudun* de ces auteurs, il est question du P. Gault dont on poursuit la béatification.
(4) *Le Protestantisme en Béarn et dans le Pays basque*, ouvrage de polémique contre le pasteur A. Cadier et son livre sur *Osse et la Réforme* en Béarn.
(5) J'aurais supprimé le compliment à mon adresse; mais les autres sont trop mérités pour les supprimer. M. l'abbé U. Chevalier est certainement le prêtre qui travaille le plus en France. Aussi est-il correspondant de l'Institut et chevalier de la Légion d'honneur.

bonté de me donner (1). Vous me pardonnerez une défaillance de mémoire, trop justifiée par un désastre qui brise à jamais ma carrière de travailleur. Je vous remercie de ce que vous me dites d'aimable à propos de Gassion. Un incendie partiel m'avait enlevé une grande partie de mon dossier. Aujourd'hui (à l'exception du peu que j'ai ici) tout est en cendres. Vous me plaindrez beaucoup et vous prierez, s. v. p., pour votre bien dévoué et bien malheureux confrère et serviteur.

Pavillon Peiresc, 21 juillet 1895. Combien vous êtes bon pour moi ! Et combien je suis touché de la sympathie que vous me témoignez en mon immense malheur ! Je vous en remercie avec affection et je prie Dieu de vous rendre au centuple le bien que vous me faites. C'est une grande consolation pour moi de me voir plaint par tant de nobles cœurs. J'accepte avec la plus vive reconnaissance l'offre que vous daignez me faire (2). Envoyez-moi vos précieux volumes à la *station de Fauguerolles* où je les ferai prendre. Sur le colis-postal, ayez soin d'indiquer *Fauguerolles, près Tonneins* et *près Gontaud*, car il y a une station presque du même nom, ici ; quand l'adresse n'est pas très précise, on expédie nos paquets (Feugarolles, près Port Ste-Marie). Je vous prie d'agréer, etc.

Pavillon Peiresc, 25 juillet 1895. Combien vous avez été bon et généreux pour moi ! Je vous en remercie de tout mon cœur. Vous m'avez donné le premier moment de joie que j'ai éprouvé depuis l'affreuse matinée du 9 juillet. Vos deux paquets de livres semblent me dire avec la plus persuasive éloquence : *Courage, travailleur !* Je n'oublierai jamais ce bienfait, soyez-en assuré. Parmi vos livres, j'ai retrouvé d'*anciens amis;* il en est d'autres que je ne connaissais pas et qui seront de *nouveaux* amis pour moi.

Ce matin, j'ai reçu avec la carte d'un éminent bibliophile, Mgr le duc d'Aumale, un bien précieux volume : *Le mystère de St-Adrien*, publié à ses frais par Emile Picot (Mâcon. Protat. in-4°. 1895). On m'annonce d'autres envois, d'autres *fiches de consolation;* mais, vous avez le n° 1, parmi tous ces cœurs vaillants, et je prie Dieu de

---

(1) M. T. de Larroque ne s'est jamais relevé de ce désastre qui brisa sa vie. On a vu que dans la lettre précédente, écrite moins d'un mois auparavant, il était question de Mgr Gault, le saint évêque de Marseille.

(2) Je mis à la disposition de M. T. de Larroque tous mes ouvrages, afin qu'il pût combler un peu les rayons vides de sa bibliothèque.

bénir particulièrement votre charité, si délicate et si empressée. Agréez, s. v. p., mes plus reconnaissants et affectueux respects.

Pavillon Peiresc, 12 mars 1896. J'ai l'honneur de vous remercier de vos très gracieux compliments, dont j'ai été infiniment flatté et de vos spirituels et savants articles dans la lecture desquels j'ai trouvé autant d'agrément que de profit. Vous combattez le bon combat avec des armes redoutables. Tous vos coups portent et vous êtes à tous les points de vue un admirable lutteur (1). Continuez à nous éclairer de votre érudition, à nous amuser de votre verve ! Je vous applaudirai toujours avec le même enthousiasme. Mais peut-être vos adversaires n'oseront-ils pas recommencer une lutte où ils ont été si maltraités ! Peut-être chercheront-ils leur salut dans une fuite définitive ! O vous, qui méritez d'être surnommé le *fléau des pasteurs* (j'entends les *pasteurs* de mauvaise foi et d'ignorance profonde), quels services éclatants vous rendez à l'histoire, en rétablissant, avec tant d'autorité, les faits ordinairement travestis par nos intolérants prétendus amis de la liberté ! On ne pourra jamais s'occuper du protestantisme en Béarn, sans vous citer, comme un juge. Je vais ranger dans ma bibliothèque (un peu refaite), les trois livraisons des *Etudes* auprès de votre beau livre qu'elles complètent si bien ; et quand je voudrai avoir des renseignements sur le sujet, je pourrai dire avec une joyeuse confiance : *Tout est là*. Daignez agréer, cher Monsieur l'aumônier, l'hommage de ma reconnaissance.

Pavillon Peiresc, par Gontaud, 3 avril 1896. Permettez-moi, s'il vous plait, de vous demander un petit service. Comme vous êtes le plus obligeant de tous les Béarnais, j'aime à vous offrir d'avance mes plus vifs remerciements. Je voudrais bien connaître un travail de M. Ducéré sur les tapisseries du château de Nérac, travail qui a provoqué mon *Inventaire des meubles* dud. château, publié en 1867. Le travail du sous-bibliothécaire de Bayonne a paru dans *La Bourgeoisie Bayonnaise sous l'ancien régime* (au *Bull. de la Soc. des Sciences, lettres et arts de Pau*). On m'apprend qu'il a été fait un tirage à part en 1889. Pourriez-vous me communiquer pour 48 heures (2), soit ce tirage à part, soit le volume du Recueil aca-

(1) Toujours la polémique contre M. A. Cadier, en réponse à des articles de l'*Indépendant*.
(2) Le grand érudit avait, à remettre les livres, une promptitude que nous devrions bien imiter.

démique où a d'abord été inséré le mémoire de notre confrère bayonnais? Je vous prie d'agréer, avec mes excuses, les plus reconnaissants hommages de votre dévoué confrère et serviteur.

Pavillon Peiresc, 8 avril 1896. — J'ai l'honneur de vous renvoyer, avec mille et mille remerciements, le fascicule que vous avez eu l'extrême obligeance de me communiquer. Malheureusement, je n'y ai trouvé qu'un passage sur les tapisseries de Nérac. J'ai donc éprouvé une grande déception, mais cela ne diminue en rien la reconnaissance que je vous dois pour le gracieux empressement que vous avez mis à m'obliger.... Quel *pasteur* croquez-vous en ce moment? Quel qu'il soit, je suis sûr d'avance qu'il sera croqué à la *sauce piquante*. Notre ami, le chanoine Allain, depuis qu'il est dans les grandeurs, n'a plus l'incomparable joie de travailler comme vous. A propos de travail, avez-vous dans votre riche collection béarnaise, le *Récit véritable des particularités importantes du voyage du Roy en Navarre où est rapportée l'abjuration de l'hérésie que fit à N. D. de Garaison M. de Fontrailles*, etc. (Bordeaux, Millanges, 1620)? Si vous ne possédez pas ce rare et curieux imprimé, je vous en offre une copie, en vertu du mot : Donne à qui te donne. *A qui te fay, fay ly*. Daignez agréer, etc.

Pavillon Peiresc, 17 avril 1896. — Je vous demande pardon de vous avoir *bombardé* correspondant du ministère (1); c'était si naturel ! Qui donc mérite plus que vous cet honneur, vous qui êtes un travailleur de tant de zèle?.... Où est la justice? D'accord avec notre cher ami, le chanoine Allain, (nous vous apprécions de la même façon l'un et l'autre) je tâcherai de vous faire nommer *officiellement* après vous avoir nommé *officieusement* (2). N'est-ce pas que vous me ferez lire votre défense de Brunetière qui a si cordialement répondu à mes félicitations? Je me régale d'avance de la démolition du pasteur Weiss. Quelle hécatombe de pasteurs! Ils vont dire que c'est la St-Barthélemy qui recommence.

J'ai l'honneur de vous adresser par ce courrier le manuscrit béarnais. Je l'avais trouvé si intéressant que je voulais le publier

(1) M. T. de Larroque m'ayant adressé une lettre avec ce titre, je lui dis que je n'étais rien du tout, quoique M. R. de Lasteyrie m'eût conseillé de me présenter quelques années avant.
(2) Pour bien préciser, M. T. de Larroque se dépensa avec beaucoup de sollicitude, mais inutilement à ce sujet. Le ministère répondit par M. Charmes qu'il fallait se mettre en rapport direct par des envois de documents inédits avec le *Comité des Travaux historiques*.

dans ma *Collection méridionale*. Mais les temps, de plus en plus durs, ne m'ont pas permis de continuer une entreprise qui me coûtait fort cher. Vous devriez publier mon manuscrit, en l'annotant, comme vous savez le faire, dans votre périodique où, me disait l'abbé Allain, on a des tirages à part à si bon compte. Je serais ravi de lire le travail de mon cher *successeur*. Je me demande si Mgr Puyol a utilisé le manuscrit en question. En tout cas, vous compléteriez votre docte devancier. Je déplore que M. Frossard n'ait rien laissé à Salies pour vous (1). Je voudrais bien que les meilleurs lièvres fussent toujours réservés aux meilleurs chasseurs. Affectueusement à vous.

Pavillon Peiresc, 27 avril 1896. — J'ai l'honneur de vous remercier de votre bonne prose, tant imprimée que manuscrite. Pour parler d'abord de l'imprimée, j'ai été ravi de votre article sur *M. Brunetière contre Calvin et M. Weiss*. C'est extrêmement piquant, et, ce qui vaut encore mieux, c'est très concluant. M. Brunetière, qui a beaucoup d'esprit, aura bien goûté cela. J'aime à rapprocher votre article de celui qui a été publié dans la dernière livraison des *Etudes religieuses, philosophiques, historiques* par le R. P. Brucker sous ce titre : *Calvin, les Jésuites et M. Sabatier*.

Je crois pouvoir regarder comme assurée votre nomination de correspondant... En attendant continuez à communiquer au Comité des travaux historiques de bons mémoires et surtout des documents inédits.

Si jamais je trouve quelque chose pour votre excellente Revue (2), je m'empresserai de vous l'envoyer. Mais, hélas! je ne vais plus, comme autrefois, au devant des documents. Il faut qu'ils viennent à moi, comme les cailles bibliques qui tombèrent dans les mains des Hébreux affamés. Je vous prie d'agréer, etc.

P. S. Au dernier moment, j'ai un scrupule. Il me semble (ma mémoire faiblit beaucoup, *les ans en sont la cause*) il me semble, dis-je, avoir vu quelque part, peut-être dans un des livres de M. de Ruble, que la lettre à Du Poet manque d'authenticité. Vérifiez cela, s'il vous plait (3).

(1) M. le pasteur Frossard a eu la bonne fortune d'entrer en possession de tous les papiers des Gassion déposés dans un grenier de Salies — six quintaux ! Ayant été trois ans vicaire dans cette ville, j'aurais dû connaître ces précieux trésors.
(2) J'ai toujours regretté de n'avoir pas envoyé nos *Etudes* à notre savant, dès leur publication. Que de choses il nous aurait apprises !
(3) Voilà la critique scrupuleuse du savant honnête. Il avait raison. J'ai vérifié alors dans un des volumes de M. de Ruble sur *Jeanne d'Albret*, qui regarde, en effet, cette lettre comme apocryphe.

Pavillon Peiresc, 22 octobre 1896. On fait ici mille souhaits pour vous, étant presque honteux d'avoir à solliciter ce qui vous est dû depuis longtemps, ce qui aurait dû vous être accordé *proprio motu*... Je vous conseille d'écrire à M. Léopold Delisle, *président* du comité des travaux historiques, en lui disant que vos amis, les siens aussi, le chanoine Allain et le soussigné vous ont conseillé de vous adresser à lui... Et si vous pouvez lui envoyer un ou deux de vos plus importants travaux, cela ne gâtera rien. Nous vivons en un temps, hélas ! où la politique se fourre partout et où elle est toute puissante...

Je vous remercie cordialement de vos aimables éloges. Rien n'encourage et ne fortifie un travailleur, comme ces témoignages de sympathie. Je continue à travailler avec l'ardeur des vingt années ; mais je ne pourrai pas aller longtemps de cette allure là, car je sens que je m'affaiblis beaucoup et que je tomberai tout à coup au champ d'honneur (1).

On m'appelle pour que le paquet postal soit emporté tout de suite, Je vous serre la main en toute hâte avec mille vœux et amitiés de votre tout dévoué serviteur.

Pavillon Peiresc, 3 janvier 1897. J'ai l'honneur de vous remercier de vos vœux que je vous rends de tout mon cœur. Nous sommes deux vaillants travailleurs qui avons également besoin de santé. Malheureusement la mienne laisse fort à désirer et je m'inquiète... *de tout ce que je ne pourrai pas faire*. On m'avait promis, comme à vous, succès complet pour la *correspondance* (2) et je vous croyais déjà en possession d'un titre mille fois mérité... J'aurai l'honneur de vous envoyer, pour vos étrennes, une plaquette *Gontaudaise*.

Pavillon Peiresc, par *Gontaud*, 23 mars 1897. Vous qui lisez tant, lisez-vous le *Polybiblion ?* Dans le cas improbable où vous ne le liriez pas, j'ai l'honneur de vous apprendre que, dans un entrefilet de la *Chronique* de la dernière livraison (*mars*, p. 276) j'ai loué, sous la rubrique *Béarn*, votre notice sur l'ancien collège de Pau ; je l'ai fait en quelques lignes seulement, parce que la place nous

(1) Combien il avait raison !
(2) Toujours l'affaire du titre de *Correspondant du ministère* auquel l'excellent ami s'intéressait si vivement. Pardon à nos lecteurs de les mettre au courant de ces affaires trop personnelles. Nous l'avons fait pour que l'on connaisse bien l'ami parfait et toujours dévoué qu'était ce grand savant.

est parcimonieusement mesurée ; mais j'espère que les lecteurs auront vu dans ces éloges condensés tout ce que j'aurais voulu y mettre de plus. Je constate avec joie que l'*excellent travailleur* auquel j'ai rendu un si rapide hommage est partout apprécié et ce jour même où je recevais mon exemplaire du dernier *Polybiblion*, je recevais aussi mon exemplaire du *Bulletin de la Société nationale des Antiquaires de France*, où je retrouvais votre éloge dans un article *Roncevaux*, publié par deux archéologues qui doivent beaucoup à leur devancier.

Je voudrais demander à votre grande obligeance un petit service. Adressez, s. v. p., en un colis postal de 60 c. (en gare de *Gontaud-Fauguerolles*) en communication pour quelques jours seulement : votre *Marca*, où je voudrais prendre quelques notes pour compléter, au point de vue biographique et bibliographique, ma plaquette sur ce grand personnage ; la dernière édition des livres de feu mon ami Bascle de Lagrèze sur Henri IV, le *Château de Pau* et *la Société en Béarn*, que je relirai [il m'avait donné tout cela et bien d'autres publications encore], que je relirai, dis-je, la plume à la main, en vue de mes *Recherches sur l'itinéraire du roi de Navarre*. enfin la brochure de notre adversaire, le pasteur (1), sur *Corisande d'Andoins* (toujours en vue des dites *Recherches*). Si vous m'envoyez cette bourriche, vous mêlerez (?) pour moi les joies pantagruéliques du Carnaval aux austérités du Carême. Pardon, mille fois, pour mon indiscrétion et cent mille fois merci pour votre bonté. Votre dévoué confrère et serviteur.

Pavillon Peiresc, 29 mars 1897. J'ai reçu avec beaucoup de plaisir et de reconnaissance votre aimable lettre et votre précieuse *bourriche,* en attendant celle que je recevrai bientôt sans doute de Perpignan (2). J'ai passé tout mon dimanche à me régaler de vos notes (3) sur *Marca,* admirant votre grande générosité. N'est-ce pas que vous donnerez toutes ces notes au public ? Après avoir eu

---

(1) M. le pasteur Frossard, de Bagnères, un des rares que M. T. de Larroque ait un peu houspillé, et avec raison, car dans un travail sur Gassion, paru dans le *Bull. du Protest*, ce pasteur s'était permis d'exalter la chasteté de la maison du maréchal au-dessus de celle d'un couvent de religieuses ! C'était d'un goût douteux et fort peu évangélique.

(2) De M. le chan[e] Torreilles, professeur au Grand Séminaire, qui devait faire passer ma notice de Marca, que je lui avais prêtée.

(3) Notes généalogiques manuscrites envoyées à l'illustre savant.

la bonne fortune de les lire en leur primeur, il me sera très agréable de les relire imprimées. Je vais parcourir, cette semaine, les deux volumes de M. B. de Lagrèze et me délecter de l'article *Asse* de la *Revue contemporaine* sur la *Belle Corisande*, lequel article me dédommagera sûrement de l'absence de la brochure du galant pasteur, et j'aurai l'honneur de vous renvoyer le tout, avec mille et mille remerciements, dans les premiers jours de la semaine suivante. Je ne manquerai pas, suivant vos instructions, de renvoyer à Perpignan votre travail sur Marca.

Le Comité des travaux historiques, et son président en particulier, ont le plus vif désir, *je le sais*, de vous donner le titre cent fois mérité de Correspondant. Je crains, il me semble vous l'avoir déjà dit, que votre candidature ne soit pas aussi agréable à quelques *sectaires* trop influents, les mêmes sectaires qui m'ont empêché d'être nommé, à l'occasion des fêtes de Peiresc, officier de la Légion d'honneur (1).

Consolons-nous de ces vexations en travaillant toujours davantage. N'avons-nous pas la même devise : *Pro Deo, pro patria, pro scientia ?* Tous mes cordiaux hommages.

Pavillon Peiresc, 27 avril 97. Je disais dans une note sur un fils de Monluc, curé de Gontaud, (dernière livraison de la *Revue de Gascogne*) que ma mémoire, jadis si excellente, ne vaut plus rien. Je vais vous donner une preuve frappante de cette cruelle vérité. Je ne sais si je vous ai félicité de votre nomination de *Correspondant du ministère* et si je vous ai remercié de l'envoi de votre brochure in-4° sur la *Réforme en Béarn*. Si réellement, comme je le crains, je n'ai pas rempli ce double devoir, soyez indulgent pour ma santé et plaignez-moi. J'ai été bien content de la tardive réparation qui vous a été faite par le ministre ; j'étais certain de la bonne volonté du comité, et surtout de celle de son illustre président; mais je redoutais la détestable influence de qui vous savez. Dieu merci ! vous voilà en possession d'une distinction cent fois méritée..... Votre édition de Marca toute seule vaut une aune de ruban rouge (2). J'ai été bien touché de la trop gracieuse mention

---

(1) J'ai su depuis que le bon M. T de Larroque s'était exagéré des difficultés qui n'existèrent pas. MM. les pasteurs Cadier et Weiss — qui ne sont pas de grands savants — ne furent pas appelés à donner leur avis.

(2) Voilà une bien charmante exagération ! Et j'ai supprimé encore une phrase par trop aimable. Il faut être modeste : *Superbus se laudat;* ou il se fait louer.

que vous daignez faire de mes travaux dans votre *Vie* du grand historien, bien touché aussi des lignes charmantes par vous inscrites en tête de la *Réforme en Béarn*. Je vous demande pardon de garder aussi longtemps vos livres et votre manuscrit. Mes yeux sont encore plus mauvais que ma mémoire et ne me permettent de boire qu'à petits coups. *Paulatim* devient de plus en plus la devise de celui qui jadis, en 13 ou 14 heures de travail quotidien, absorbait tant de pages imprimées ou inédites. J'espère pouvoir, le mois prochain, renvoyer à Pau et à Perpignan tout ce qui a été si obligeamment mis à ma disposition. Je vous prie d'agréer, avec mes très humbles excuses, etc.

Pavillon Peiresc, 13 mai 1897. — J'ai l'honneur de vous envoyer les livres et documents que vous avez eu l'extrême bonté de me prêter, en même temps que je renvoie à M. le chanoine Torreilles votre Vie de Marca. Combien de remerciements je vous dois pour vos précieuses communications imprimées et manuscrites ! Je n'oublierai jamais la gracieuse générosité avec laquelle vous avez mis tous ces trésors à ma disposition. Combien je vous félicite d'avoir ainsi raconté la vie et apprécié les œuvres du grand historien ! Et combien je vous félicite aussi d'avoir préparé un si riche supplément à la notice imprimée ! Vos notes manuscrites, si abondantes, constitueront un travail qui ne laissera plus rien à dire sur Marca et sur sa famille. Plus tard, vous donnerez une nouvelle édition des deux parties réunies en un volume et peu de monographie, même parmi les meilleures, égaleront la vôtre.... Mais je ne dois pas oublier que vous avez acquis de nouveaux droits à ma reconnaissance en mentionnant tant de fois et en termes si honorables pour moi mes petites publications sur Marca et sur quelques autres personnages. Merci du fond du cœur des trop flatteurs éloges que vous avez daigné donner à votre devancier. Ce qui me charme particulièrement dans ces éloges, c'est la sympathie qui éclate dans leur exagération. On n'est aussi ultra-bienveillant que pour ceux que l'on aime beaucoup (1). J'ai été et je reste profondément touché de l'honneur que vous m'avez fait en me traitant en véritable ami.

Quand, vous et moi, nous serons moins absorbés, ne voudriez-

(1) C'est une maxime qui s'applique admirablement au grand et noble cœur qui l'a écrite.

vous pas que nous donnions ensemble, d'abord dans votre Revue, ensuite en tirage à part, une *Bibliographie d'Henri IV*? Cela n'a jamais été fait et serait bien curieux et bien apprécié des amis du grand roi, lesquels sont innombrables. En m'occupant de reviser et de compléter l'itinéraire du roi de Navarre, j'ai recueilli beaucoup d'indications bibliographiques. De votre côté, vous trouveriez dans la bibliothèque de Pau et dans diverses collections béarnaises, des milliers d'indications du même genre. Je serais bien aise de voir mon nom associé au vôtre sur le titre d'un recueil offert par deux bons gascons à tous les bons gascons! Que pensez-vous de mon projet? Puisse-t-il vous sourire! — A propos du bon Henri IV, je vous prie d'accepter un exemplaire des *Lettres de Margot*, que je joins à vos livres et manuscrits. C'est un très petit à-compte sur mon immense dette. Avec ma plaquette et mes vœux, daignez agréer, etc.

Pavillon Peiresc, 25 juin 1897. J'ai eu l'honneur de vous envoyer deux cartes de visite, l'une dans la dernière livraison de la *Revue de Gascogne*, l'autre dans la dernière livraison du *Polybiblion* (Chronique p. 548). Me pardonnerez vous ma familière, mais amicale comparaison gastronomique de l'article sur le dernier tome des *Arch. hist. de la Gironde*? Me pardonnerez-vous la sécheresse de mon articulet sur les mêmes documents, ô inappréciable *annotateur* (Mgr Hazera (1) le grand ami de notre grand ami — *grand* de toute façon — le chanoine Allain, a bien accueilli ma tirade contre son horreur des notes)? Les ciseaux de MM. du *Polybiblion* n'ont épargné aucune de mes épithètes laudatives. Je soupçonne ces Messieurs de croire que je tire à la ligne et que j'abats des adjectifs pour gaguer plus souvent mes *deux sous* (2).

J'ai une prière à adresser au plus obligeant des hommes. Pouvez-vous me communiquer, pour une quinzaine de jours, le volume *spécial* du Catalogue de la bibliothèque de Pau, concernant les publications *locales*, soit que vous le tiriez de votre propre collec-

---

(1) Mgr Hazera, aujourd'hui évêque de Digne, avait fait dans un travail intitulé *Visite à Solesmes*, paru dans la *Rev. cath. de Bordeaux*, une spirituelle sortie contre les notes qui, au bas des pages, détournent l'attention.

(2) Je soupçonne au contraire que les épithètes furent supprimées parce que l'auteur de l'ouvrage loué n'était pas des abonnés. Je tiens à dire cependant que ce recueil est actuellement en France un des meilleurs manuels de bibliographie.

tion, soit que vous le tiriez de la collection d'un ami, et, au besoin, de celle de M. Soulice, le savant auteur, lequel doit être, étant si bon travailleur, un très bon confrère ? Merci d'avance avec mille excuses.

Pavillon Peiresc, 5 juillet 1897. Combien de reconnaissance je vous dois pour toutes vos précieuses communications imprimées ou manuscrites ! Le travail de M. Soulice m'intéresse beaucoup. C'est très bien fait et avec cette *précision* que nous aimons, vous et moi. J'ai été très flatté de voir mon nom cité si souvent par le bibliothécaire de Pau. On me gâte dans la ville du bon Henri IV, car vous, dans votre excellentissime Vie de Marca, vous m'avez fait l'honneur de me citer encore plus souvent et en termes si élogieux ! Le *grand* et cher chanoine Allain passera par le Pavillon Peiresc en allant aux Pyrénées. Je le chargerai de vous porter votre volume avec tous mes compliments et remerciements. Un jeune prêtre fort intelligent et qui m'est très sympathique, M. l'abbé Dubois, curé de St-Pierre de Buzet, travaille sur les guerres de religion en Gascogne au XVIe s. (1). Je lui ai prêté vos ouvrages dont il est enchanté. Je vous prie d'agréer, etc.

Pavillon Peiresc, 10 octobre 1897. J'ai l'honneur de vous envoyer (en colis postal) le volume du *Catalogue de la Bibliothèque de Pau* que vous avez eu la bonté de me prêter ; j'y joins un exemplaire d'une plaquette qui vous rappellera les trop courts moments passés sous mon *Vieux chataignier* (2). Mon fils et moi, nous espérons que vous nous honorerez, les vacances prochaines, d'une plus longue visite (3). Nous avons trop apprécié notre aimable *hôte-éclair* pour ne pas désirer très vivement le revoir et reprendre avec lui des causeries si vite interrompues. J'ai eu de bonnes nouvelles de votre voyage par notre jeune ami, Henry Courteault ; j'ai très joyeusement applaudi aux abondants résultats du vaillant moissonneur. Recevez toutes mes félicitations et tous mes vœux. N'oubliez pas, s. v. p., de me régaler, aussitôt que cela sera pos-

---

(1) L'avant-dernier article bibliographique, qui ait paru de M. T. de Larroque dans la *Revue de Gascogne*, a été consacré à l'ouvrage de M. Dubois sur *N.-D. d'Ambrus et St Vincent-de-Paul*.
(2) Bel et grand in-4°, admirablement imprimé, où MM. Allain et Audiat ont célébré le maître, son hospitalière demeure, son vieux châtaignier surtout, en prose et en vers. Cette œuvre d'art ne fut donnée qu'aux amis.
(3) Une visite de 12 heures en venant d'Auch et en allant à Paris.

sible, de la communication du travail de M. Jaurgain, le terrible démolisseur. Daignez agréer, mon bien cher *hôte*, avec tous mes plus vifs remerciements, l'hommage de tout mon dévouement.

Pavillon Peiresc, 19 octobre 1897. Nous pensions en même temps l'un à l'autre. Cette coïncidence de nos envois m'a profondément touché. Rien n'est bon comme ces échanges spontanés de sympathie. Mille remerciements pour le souvenir que vous m'avez donné devant la statue de notre ami Du Cange (1), que je me plais à surnommer le Léopold Delisle du xvii$^e$ s. Voilà deux travailleurs qui, avec Peiresc et Dom Montfaucon, forment un groupe que j'appelle un groupe modèle et presque sacré ! A propos de Peiresc, combien je vous suis reconnaissant de la communication de la lettre des Archives des Affaires Etrangères ! Je la connaissais par les minutes de la bibliothèque d'Inguimbert (2); mais je serai charmé de la citer, d'après l'autographe transcrit par votre vaillante autant qu'obligeante main. Vous serez désormais doublement digne de venir au Pavillon Peiresc ; vous voilà dans la catégorie des bienfaiteurs les plus méritants.

Je suis désolé d'apprendre que vous n'avez pas été aussi heureux dans vos recherches, que je le désirais, que je l'espérais. Ce sera pour une prochaine campagne. Nous ne devons jamais nous laisser aller au découragement. Vous verrez que l'an prochain vos vacances seront très productives. Nous en causerons *et de quibusdam aliis* sous le *Vieux châtaignier*. Il me tarde fort de savoir si vous avez été content de la plaquette qui a été déjà très aimablement accueillie par bon nombre de mes amis, notamment par l'abbé Bertrand (3), lequel me dit combien il a été heureux de faire votre connaissance chez notre ami, l'excellent abbé Allain. L'abbé Bertrand vous a jugé à tous les points de vue, comme vous avait jugé votre dévoué confrère et serviteur.

Pour le Cartulaire de St-Sernin, adressez-vous *avec confiance* à un autre excellentissime abbé, M. Léonce Couture, qui rentre à

---

(1) M. T. de Larroque m'avait recommandé de saluer, à Amiens, la statue de son grand ami Du Cange. On voit que la commission fut faite.
(2) A Carpentras. — Les archives inexplorées des Affaires étrangères sont une mine féconde où l'on trouve des trésors.
(3) Le très savant historien de la Compagnie de St-Sulpice, qui a signé dans la *Rev. de Gasc.* tant d'articles sous le nom d'A. de Lantenay. On admirera toujours son incomparable *Hist$^{re}$ des Séminaires de Bordeaux et de Bazas*. (Bordeaux. Féret. 1894. 3 v. in-8°.)

Toulouse demain, tout exprès, semble-t-il, pour vous rendre le petit service qu'aurait tant voulu vous rendre votre reconnaissant correspondant.

Pavillon Peiresc, 25 janvier 98. Mille remerciements pour votre aimable lettre et pour votre charitable envoi du Recueil périodique que vous dirigez si bien et qui me dédommagera de la perte de la *Revue catholique de Bordeaux*. Voilà qui s'appelle savoir délicatement *consoler les affligés !* J'ai été très content de la première livraison de vos *Etudes* et surtout de vos articles. Votre petite oraison funèbre de la *Revue* de notre excellent ami, le chanoine Allain, est parfaite. Je vous sais gré de m'avoir accordé en votre note une mention aussi honorable. Je vous suis non moins reconnaissant du juste hommage que vous rendez à mes chers anciens directeurs. S'il vous tarde de revoir le *Vieux Châtaignier*, il me tarde bien aussi de vous revoir et de vous entendre, sous son ombre protectrice. Mon fils et moi, nous espérons que les vacances prochaines (1), vous ramèneront au pavillon Peiresc et non plus pour une halte de quelques heures, mais pour un long séjour. Comme vous, je déplore la mort de M. de Ruble. J'attendais encore tant de bonnes choses de lui ! Nous étions très liés, depuis près de quarante années, et nous avions commencé en même temps à travailler pour notre chère Gascogne. Nous nous rencontrions alors tous les jours dans la salle des manuscrits de la Bibliothèque *impériale* et les bons *voisins* devinrent bien vite de bons *amis*.

J'ai souri en relisant dans votre lettre la petite épigramme. N'oubliez pas que vous m'avez promis communication du travail de M. de Jaurgain.

Je vous rends de tout mon cœur vos vœux de bonne année. Je comprends dans ces vœux la prospérité durable de vos *Etudes*, si estimables et si instructives.

Pavillon Peiresc, 10 mars 98. Mon petit travail sur l'*Imitation*, un de mes premiers travaux et un de ceux dont j'ai été le moins mécontent, a paru dans les *Annales de philosophie chrétienne* en 1862. Le savant directeur de ce recueil périodique si estimé, M. Bonnetty, me donna, pour mes honoraires, 200 exemplaires de tirage à part, depuis longtemps épuisés, ce qui me prive du grand plaisir de vous en offrir un. Le farouche docteur allemand, qui me

(1) Hélas ! non.

combattit à armes peu courtoises, est le D$^r$ Hirsch que je m'amusai (bénigne vengeance!) à appeler le D$^r$ Kirsch, ce qui redoubla sa fureur. (L'*insignis nebulo* est encore une plaisanterie de votre serviteur, mon adversaire s'étant contenté de m'appeler *menteur* et *faussaire*). Si jamais on écrit une biographie de votre serviteur (1), aussi ample, aussi minutieusement complète que celle qu'une très habile plume retraça naguère de P. de Marca, l'histoire de ma brochure fournira de bien amusantes pages. Il est une autre de mes innombrables brochures, qui pourrait aussi être le sujet d'un piquant récit. C'est celle qui est formée de mes articles de la *Revue des Bibliophiles* sur le P. Cortade. J'ai eu dans la rédaction de cette étude humoristique (non moins épuisée que la thèse contre Th. à Kempis) une collaboratrice qui est aujourd'hui célèbre, presque illustre, M$^{lle}$ Pellechet, qui faisait alors auprès de moi ses premières armes. Ce fut à l'occasion du rarissime bouquin du P. Cortade qu'elle travailla pour la première fois dans cette Bibliothèque Nationale dont elle est maintenant *bibliothécaire honoraire*. Le souvenir de l'éminente *Incunablographe* devra être à jamais rattaché à mon humble plaquette. N'est-ce pas que vous ne connaissiez pas ce curieux détail ?

En retour de mes *anecdota* d'histoire littéraire, envoyez-moi, s. v. p., pour 48 heures, le fascicule du recueil académique de Pau où M. de Jaurgain parle des origines de la Gascogne et de la Navarre. Il me tarde fort de voir comment il a opéré en son œuvre destructive. Je vous remercie d'avance de votre aimable communication. J'ai été bien content de votre livraison de février, livraison-monographie, où tout est si intéressant, si nouveau. Mille vœux pour votre bonne santé et pour la bonne santé de votre *Revue*. Mon fils et moi, nous vous prions d'agréer nos plus affectueux hommages.

*P. S.* Notre cher M. Audiat (2) n'aura plus le droit de me reprocher mon silence, car il a reçu de moi, en ces derniers jours, deux lettres successives. J'avais été si souffrant, en janvier et février,

(1) M. Momméja, un ami au cœur fidèle, travaille déjà à cette biographie qui ne comptera pas moins de 120 p. La bibliographie des travaux de M. T. de Larroque serait à compléter et à rééditer.

(2) Dans mon rapide passage à Gontaud, j'ai dit la messe pour MM. T. de Larroque et Audiat. Ce fut, dit-on, une messe de « savants. » Personne, après son digne fils, n'aura été plus affecté de la mort de notre grand érudit, que M. Audiat, directeur de la *Revue de la Saintonge* et auteur d'ouvrages très appréciés.

que j'avais, à mon grand regret, dû lâcher tous mes correspondants. Je vais un peu mieux. Souhaitez-moi d'aller tout à fait bien.

Savez-vous que M. Léonce Couture a eu un commencement d'incendie dans sa belle bibliothèque ?

Pavillon Peiresc, 16 avril 98. J'ai l'honneur de vous renvoyer, avec mille et mille remerciements — encore, n'est-ce pas assez ! — le fascicule que vous avez eu l'extrême bonté de me communiquer Je l'ai lu avec beaucoup d'intérêt et de profit. C'est un travail très bien fait, très précieux, très remarquable. Quand vous aurez l'occasion de voir le savant auteur, offrez-lui, s. v. p., mes plus cordiales félicitations, ainsi que mes vœux, pour le prompt et heureux achèvement de son *Etude critique (très critique)*. J'espère qu'il réunira les deux parties dans un beau volume qui constituera une des plus importantes publications qui aient jamais été consacrées à notre cher Sud-Ouest. J'ai été non-seulement *éclairé* par la lecture de l'*Etude* de M. de Jaurgain, mais aussi parfois bien *amusé* par la verve belliqueuse de celui qui est bien autre chose qu'un *généalogiste* (1). Je vous serai toujours reconnaissant du succulent festin que vous m'avez servi, en me prêtant si gracieusement le fascicule de Pau. Encore une fois, complimentez de ma part, s. v. pl., le redoutable polémiste, pour le très important service qu'il a rendu à tous les travailleurs en leur montrant la vérité. J'avais jadis apprécié en M. de Jaurgain le loyal *généalogiste*, l'habile *biographe*; je saluerai désormais en lui le *sérieux historien*.

A votre tour d'être complimenté, cher critique ! J'ai été ravi de votre article sur l'*Imitation*. Je vous ai lu avec délices. Vous seriez bien aimable de présenter à Mgr Puyol les respectueux hommages et les cordiaux souvenirs d'un de ses anciens correspondants, resté son grand admirateur. Quel cycle que les 8 vol. in-12 dont vous parlez ! Et quel bel évêché mériterait l'auteur de ce travail « absolument effrayant » et, ajouterai-je, « absolument magistral » ! Connaissez-vous la thèse latine de doctorat ès-lettres, soutenue récemment à Paris par M. Bénard ? Le docteur — un docteur est souvent faillible — attribue l'*Imitation* au fantôme Gersen, que j'ai jadis appelé le fils d'une faute d'orthographe. Demandez, je vous en prie, à Mgr Puyol, notre oracle, ce qu'il pense des autres points de la thèse Bénard. Je constate avec joie et fierté, d'après

(1) M. T. de Larroque appréciait aussi avec beaucoup d'équité les travaux si remarquables de M. Bladé. Je le sais bien, *ex auditu*.

votre parfaite analyse, que Mgr Puyol et son humble confrère soussigné sont d'accord en bien des choses, sinon en toutes, ce qui serait trop beau, notamment contre Th. à Kempis. Votre si savant compatriote et ami a-t-il vu, dans la *Correspondance archéologique et littéraire* de 1897, la polémique au sujet de l'auteur de l'*Imitation ?* Merci de ce que vous avez dit de moi à la page 137. Je vous prie d'agréer, etc.

Pavillon Peiresc, 2 mai 1898. La *Correspondance historique et archéologique* du 25 avril dernier, contient un important article de M. Anthyme St-Paul, le célèbre archéologue, sur l'*Imitation de J.-C.*, (p. 97-104, article à signaler à votre savantissime et éminentissime ami Mgr Puyol). Je voudrais, dans la prochaine livraison de l'excellent recueil, revenir sur l'inépuisable question, en citant votre article sur les œuvres du futur évêque.(1) Mais voyez la fatalité ! Je ne puis remettre la main sur la livraison où vous avez analysé les travaux de votre compatriote et ami. Je viens de passer plusieurs heures à chercher, à la sueur de mon front, dans mon Capharnaüm, cette chère livraison. J'ai eu beau invoquer St Antoine de Padoue. Il m'a fallu lui donner, en mon désespoir, une mauvaise note. Daignez, s. v. p., venir à mon secours, en m'envoyant un duplicata. Pardon et merci.

*P.-S.* Mgr Puyol connaît-il l'article sur l'*Imitation* publié par H. Vollet dans la *Grande encyclopédie* Lamirault (t. xx, p. 593) ?

(1) Je pense que l'article de M. T. de Larroque, a été écrit et qu'il est actuellement imprimé. Voici en effet, ce que dit M. Tholin, dans la Notice bibliographique consacrée au cher savant, dans la *Revue de l'Agenais* : « Sa vocation d'historien fut tardive, puisque ses premiers ouvrages, deux brochures de 82 et 32 p., sont datés de 1862, sa trente-quatrième année. Ils révélaient une forte préparation, une grande sagacité de critique, une vive passion dans la recherche de la vérité. Le choix des sujets était heureux. Le débutant s'était jeté avec succès dans l'interminable controverse sur les origines de l'*Imitation de J.-C.* Il est notable que sa dernière notice imprimée se rapporte également à ces questions. »

www.ingramcontent.com/pod-product-compliance
Lightning Source LLC
Chambersburg PA
CBHW060721050426
42451CB00010B/1552